Aachen

lieben lernen

Der perfekte Reiseführer für einen unvergessli-chen Aufenthalt in Aachen inkl. Insider-Tipps und Packliste

Hannah Baumgartner

Alle Ratschläge in diesem Buch wurden sorgfältig erwogen und geprüft. Eine Garantie kann dennoch nicht übernommen werden. Eine Haftung für jegliche Personen-, Sach- und Vermögensschäden ist daher ausgeschlossen. Die Benutzung dieses Buches und die Umsetzung der darin enthaltenen Informationen erfolgt ausdrücklich auf eigenes Risiko.

✈ INHALT

Das erwartet Sie in diesem Buch

Was Aachen mit Lebkuchen, Pferden, Wissenschaft und seltsam riechendem Thermalwasser zu tun hat? Die Antworten auf diese Fragen werden Ihnen in diesem etwas anderen Reiseführer auf einer Insider-Tour durch die Grenzstadt Aachen beantwortet.

Aachens Geschichte reicht bis in die Zeit der Kelten und Römer zurück und wurde maßgeblich von Karl dem Großen geprägt. Karl machte die in einem Talkessel liegende Stadt Aachen im Mittelalter zu seiner bevorzugten Pfalz und zur Hauptstadt seines Kaiserreichs. Erfahren Sie auf den heute noch sichtbaren Spuren dieser Zeit Wissenswertes über Aachens Geschichte und deren bedeutendste Sehenswürdigkeiten.

Kunst und Kultur werden in Aachen großgeschrieben und die Stadt bietet Ihnen das gesamte Jahr hindurch, neben einer Vielzahl von Events, diverse Möglichkeiten für Ausflüge und Unternehmungen. Ob jung, alt oder der etwas schmalere Geldbeutel – hier in Aachen wird jeder fündig!

Die Aktiven und Naturverbundenen unter Ihnen werden von Aachens breitem Angebot an sportlichen Aktivitäten, sowohl in der Stadt als auch im Grünen, begeistert sein. Durch Aachens Nähe zur belgischen und niederländischen Grenze und der Eifel sind Ihnen ausgedehnte Wanderungen und Fahrradtouren in idyllischen und historischen Umgebungen sicher. Für die, die es lieber etwas ruhiger angehen lassen, besteht natürlich die Möglichkeit, in einem der zahlreichen Parks die Sonne zu genießen oder es sich in Aachens hervorragenden Cafés und Restaurants gutgehen zu lassen.

Obwohl Aachen laut Deutschem Wetterdienst

die meisten Sonnenstunden in NRW genießt, kann unser schönes Aachen von Zeit zu Zeit auch einmal etwas verregnet sein. Lassen Sie sich davon aber nicht die Laune verderben – mit einem Regenschirm und diesem Reiseführer voller spannender Indoor-Aktivitäten und diverser Insider-Tipps sind Sie bestens auf Ihren Trip nach Aachen vorbereitet!

ZUERST EIN PAAR FAKTEN – AACHENS GESCHICHTE

Aachens Geschichte reicht bis in die Zeit der Kelten, um 50.000 v. Chr., zurück. Zeuge der hochstehenden Badekultur kann man auch heute noch werden, indem man einen Blick in die archäologische Vitrine im Elisengarten in Aachens Stadtkern wirft. Diese antiken Funde zeigen, dass bereits Kelten und Römer die zahlreichen heißen Quellen Aachens schätzten. Im frühen Mittelalter machte Karl der Große die Stadt zur ersten Hauptstadt seines europäischen Kaiserreichs, ein weltliches Machtzentrum, welches Aachen erst zu seiner historischen Bedeutung verhalf.

Karls Thron befindet sich heute noch in der Marienkirche, dem Aachener Dom. An diesem Ort wurden bis 1531 mehr als 30 Könige gekrönt. Ein weiterer historischer Ort, welchen man bis heute besuchen kann, ist das Rathaus auf dem Marktplatz in der Nähe des Doms. Aachens Rathaus wurde ursprünglich auf den alten Grundmauern der karolingischen Königshalle erbaut und entfaltet besonders an einem sonnigen Tag seine eindrucksvolle Ausstrahlung.

Besucherinnen und Besucher, die sich für Aachens Geschichte interessieren, können die »Route Charlemagne« nehmen. Dabei handelt es sich um einen Spazierweg, auf welchem man zu acht bedeutenden Aachener Bauwerken geführt wird. Zu diesen bedeutenden Bauwerken gehören der bereits genannte Dom, das Rathaus und die archäologische Vitrine. Ausgangspunkt der »Route Charlemagne« ist das »Centre Charlemagne – Neues Stadtmuseum Aachen« am Katschhof hinter dem Dom.

WIE LEBEN WIR AACHENER?

Nun, Aachen ist aufgrund der zahlreichen Studienangebote an hochrangigen Unis, wie beispielsweise der RWTH Aachen oder der Fachhochschule Aachen, eine beliebte Stadt für junge Menschen. Dementsprechend viele Studenten leben hier. Von den 250.000 Einwohnern der gesamten Stadt studieren 50.000. Im Pontviertel, besonders am SuperC, gleich neben dem Hauptgebäude der RWTH, ist immer einiges los. Durch die geografische Nähe zu den Niederlanden und mit Hilfe des Semestertickets, unternehmen viele Studierende gern Ausflüge, beispielsweise nach Maastricht. Durch gegebene Busverbindungen stattet hier allerdings jeder gern hin und wieder unseren Nachbarn einen Besuch ab.

Menschen, die in der Innenstadt leben, nehmen auf ihrem Weg zur Uni oder Arbeit gern mal einen kleinen Umweg über den Markt und durch die Altstadt auf sich, welche zu jeder Jahreszeit eine großartige Atmosphäre bietet. Im Frühling kann man auf dem Münsterplatz neben dem Dom einen wunderschönen Magnolienbaum bewundern, im Winter ist die gesamte Altstadt mit Lichtern des Weihnachtsmarktes geschmückt. Nach Feierabend trifft man sich zur Weihnachtszeit dort auch auf einen Glühwein. Das gesamte Jahr über findet am Markt, dienstags und donnerstags von 7 bis 14 Uhr, ein Wochenmarkt statt. Dort kann man unter Anderem frisches Obst und Gemüse, aber auch Honig und Blumen kaufen.

Im Sommer halten sich die Aachener gern in Parks auf. Dort treffen sie sich mit ihrer Familie und ihren Freunden, um ein Picknick zu machen, zu grillen oder um einfach nur gemeinsam die Sonne zu genießen.

In der Innenstadt leben viele Einwohner in Altbauten mit hohen Decken und aufwändig verzierten Außenfassaden. Einige dieser Wohnhäuser stehen sogar unter Denkmalschutz.

Must-sees, Must-dos

In Aachen gibt es eine Menge zu erleben und für jeden ist etwas dabei – egal ob jung, alt oder der etwas schmalere Geldbeutel. Von Zeit zu Zeit kann Aachen auch etwas verregnet sein. Das macht aber nichts, denn mit einem Regenschirm und diesem Reiseführer voller Tipps für Indoor-Aktivitäten sind Sie bestens gewappnet!

SEHENSWÜRDIGKEITEN

Um die bedeutendsten Orte Aachens gesehen zu haben, eignet sich besonders gut die »Route Charlemagne«, ein Spazierweg, ausgehend vom »Centre Charlemagne – Neues Stadtmuseum Aachen« am Katschhof hinter dem Dom. Dieser Spazierweg leitet Sie durch Aachens Stadtkern zu den acht wichtigsten Orten der Stadt und erzählt deren Geschichten.

Station »Geschichte«: das Centre Charlemagne – Neues Stadtmuseum Aachen

Das Centre Charlemagne zeigt Ihnen die Geschichte um Karl den Großen und Aachens Entwicklung. Die Ausstellung ist in vier Epochen aufgeteilt: »Die Pfalz Karl des Großen«, »Stadt der Krönungen«, »Aufbruch in die Moderne« sowie »Aachen erfindet sich neu«. Dabei entspricht jede Epoche einer separaten Abteilung des Museums.

Katschhof 1, 52062 Aachen

Station »Macht«: das Rathaus

Neben dem Dom ist das Rathaus im gotischen Baustil aus dem 14. Jahrhundert das hervorstechendste Gebäude in Aachens Altstadt. Ursprünglich wurde es auf den uralten Grundmauern der einst karolingischen Königshalle erbaut und beherbergt heute noch den alten Krönungssaal. Hier fanden damals pompöse Feste der deutschen Könige statt, die zuvor, oft am selben Tag, in der Marienkirche, dem Aachener Dom, gekrönt worden waren. Heute wird dem Saal durch die Verleihung des internationalen Karlspreises Bedeutung verliehen. Die Fenster des Saals, das Marienportal und die imposante Bronzetür des Haupteingangs, stammen von dem im Jahre 1887 in Aachen geborenen Bildhauer Ewald Mataré. Der Granusturm ist aus der Zeit Karl des Großen erhalten geblieben, dieser ist allerdings nicht für die Öffentlichkeit zugänglich. Der Friedenssaal, auch Roter Saal genannt, erhielt seinen Namen auf Grund des Vertrags des Aachener Friedens von 1748. In diesem Saal sollte ursprünglich die Beilegung des österreichischen Erbfolgekriegs verhandelt werden. Dazu ist es auf Grund von Rangstreitigkeiten jedoch nie kommen.

Da das Rathaus heute noch als solches genutzt wird, sind nicht immer alle Räume zugänglich. Online finden Sie dazu Hinweise und Informationen sowie einen Kalender des Rathauses. Außerdem können Sie, nach Anmeldung beim Aachen Tourist Service, Gruppenführungen in diversen Sprachen buchen.

Markt, 52062 Aachen

Station »Religion«: der Dom

Die Marienkirche Karls des Großen gilt als Kernbau des Aachener Doms und ist bis heute erhalten geblieben. Sie galt als sakrale Mitte des karolingischen Reiches und diente als Krönungskirche diverser deutscher Könige des Mittelalters. Diese Kirche sollte Karls Macht und der Erhabenheit seines Reiches Ausdruck verleihen. Schätze aus dieser Zeit können Sie heute in der Domschatzkammer bewundern. Die goldene Karlsbüste ist das wohl bekannteste Kunstwerk des Domschatzes. In dem ältesten Stück des Schatzes war Karl der Große zu Anfang bestattet. Es handelt sich hierbei um einen römischen Sarkophag. Dieser zeigt eine Szene aus der antiken Mythologie. Die Domschatzkammer befindet sich in der Johannes-Paul-II.-Straße, gleich in der Nähe des Doms und gegenüber der Dominformation.

Seit dem 13. Jahrhundert steht um die Kirche herum ein Kranz aus Seitenkapellen. Die Kirche wird mit zusätzlichen Gebäuden und der heutigen

Domschatzkammer durch einen Kreuzgang verbunden. 1978 erklärte die UNESCO den Aachener Dom als erstes deutsches Bauwerk zum Weltkulturerbe.

Domhof 1, 52062 Aachen

Station »Europa«: das Grashaus

Das Grashaus ist eines der ältesten Gebäude Aachens und war das erste Aachener Rathaus bis zum Jahre 1349. Diese Station der Route Charlemagne trägt das Thema »Europa« und stellt einen Ort des europäischen Lernens dar. Im »Europäischen Klassenzimmer« sind junge Menschen dazu angehalten, sich mit Europas Geschichte auseinanderzusetzen und alles rund um das Thema Europa und die Gestaltung der europäischen Zukunft zu diskutieren. Außerschulische Gruppen müssen gesonderte Workshops oder bauhistorische Führungen buchen, da das Grashaus kein Museum ist.

Nach der Zeit des Grashauses als Rathaus, wurde es folgend als Gericht und Gefängniseinrichtung genutzt. Besonders schwere Vergehen wurden hier verhandelt. Menschen, die zum Tode verurteilt wurden, wurden öffentlich im Hof enthauptet. Da die Kerker aus gesundheitlicher Sicht allerdings sehr ungeeignet waren, wurde das Gefängnis im

Grashaus im Jahre 1806 aufgegeben.

1885 wurde die Ruine des Grashauses zum Stadtarchiv umgebaut. Das Archiv war 1920 schon sehr überfüllt, allerdings zog es erst 2013 mit all seinen Beständen in die frühere Nadelfabrik am alten Reichsweg um.

Fischmarkt 3, 52062 Aachen

Station »Badekultur«: Elisenbrunnen

Die mehr als 30 Grad warmen, manchmal bis zu 70 Grad heißen Thermalquellen mit ihrem sehr mineralreichen Wasser, sind der Grund, warum sich Menschen vor langer Zeit hier im Aachener Talkessel ansiedelten. Ein Blick in das archäologische Fenster im Elisengarten zeugt davon, dass bereits die Menschen in der Jungsteinzeit die Quellen schätzten. Heute wird der Elisenbrunnen von dort aus mit Wasser versorgt, wo sich einst eine der römischen Thermen und in der Zeit danach das Thermalbad der Pfalz Karls des Großen befand. Der charakteristische Geruch des Thermalwassers entsteht durch dessen Schwefelgehalt.

Von 1822 bis 1827 wurde der Elisenbrunnen, den wir heute kennen, im klassizistischen Stil nach den Architekten Johann Peter Cremer und Karl

Friedrich Schinkel erbaut. In einem der beiden seitlichen Pavillons befindet sich die Aachener Tourismusinformation.

1851 wurde der Elisengarten ursprünglich angelegt. In den Zeiten, zu denen Karl der Große in Aachen seine Hauptpfalz unterhielt, befand sich dort eine bescheidene Kirche, die Adelgundiskapelle. Von dieser Kapelle ist heute allerdings nichts mehr erhalten. Im Jahre 2009 wurde der Garten im Kontext der Route Charlemagne umgestaltet. Im Zuge dieser Neuerungen fanden in den Jahren 2008 und 2009 großzügige archäologische Grabungen statt. Deren Ergebnisse können Sie online unter www.aachen.de/elisengarten und www.zeitreise.ac einsehen. Aufgrund der heißen Quellen darf sich Aachen auch **»Bad Aachen«** nennen.

Friedrich-Wilhelm-Platz, 52062 Aachen

Station »Lebenskultur«: Couven-Museum

Das Couven-Museum wurde 1662, sechs Jahre nach dem verheerenden Stadtbrand, an der Stelle der mittelalterlichen Stadtwaage errichtet. Anfänglich wurde es als Apotheke genutzt. Als typisches Aachener Wohnhaus seiner Zeit, baute der Architekt Jakob Couven das Gebäude im Rokoko-Stil um. Nun zeigt es seit 1958 auf drei Etagen die bürgerliche Wohn-kultur des 18. und frühen 19. Jahrhunderts in Aachen und seiner Umgebung. Die Wohnkultur aus dieser Zeit schließt die Epochen Rokoko, den frühen Klassizismus, den napoleonischen Empire-Stil und die Biedermeier Epoche ein. Die Adler-Apotheke aus der Entstehungszeit des Gebäudes kann man sich ebenfalls anschauen. Des Weiteren werden die Räume des Couven-Museums für regelmäßig wech-selnde Ausstellungen genutzt.

Hühnermarkt 17, 52062 Aachen

Station »Medien«: Internationales Zeitungsmuseum

Das Gebäude des Zeitungsmuseums zählt zu den äl-testen Wohnhäusern Aachens. Es beherbergt das Museum seit 1931 und stellt die Geschichte der Zei-tungen und das Thema Pressegeschichte dar. Außer-dem verfügt es über eine international einmalige Sammlung historischer Zeitungen. Sie umfasst rund 200.000 Zeitungen aus dem 17. und 21. Jahrhundert. Zum Teil kann man die Sammlung sogar in digitali-sierter Form einsehen. Hier wird zudem auch eini-gen anderen Fragen auf den Grund gegangen. Bei-spielsweise des Prozesses, wie aus einem Ereignis eine Nachricht wird, wie die Geschichte der Zensur die Medien geprägt hat oder welche Medien in Zukunft unsere Kultur verändern könnten.

Kaiser Karl etablierte zu seiner Zeit eine einheitliche und leicht zu lesende Schrift. Die Rede ist von der »karolingischen Minuskelschrift«, welche die Grundlage unserer heutigen Kleinbuchstaben darstellt und somit unsere Medien bis heute prägt. Die Station »Medien« der Route Charlemagne möchte daran erinnern.

Pontstraße 13, 52062 Aachen

Station »Wissenschaft«: SuperC

Schon Karl der Große schätzte die Wissenschaft und wollte Aachen zu einem Ort des Verständnisses machen. Er sammelte das Wissen seiner Zeit und machte es in seinem gesamten Reich zugänglich und nutzbar. Heute ist Aachen eine Stadt der Wissenschaft. Die Rheinisch-Westfälische Technische Hochschule, kurz RWTH, gehört zu den Exzellenzuniversitäten in Forschung und Lehre. Aber auch die Fachhochschule Aachen, das Universitätsklinikum, das Jülicher Forschungszentrum und diverse Forschungsinstitute und Forschungsabteilungen internationaler Konzerne tragen zu Aachens gutem Ruf als Stadt der Wissenschaft und technologischer Innovation bei. Neben der Ausbildung hochqualifizierter Fachkräfte in Natur- und Ingenieurwissenschaften, sind die Katholische Hochschule NRW und die Hochschule für Musik und Tanz ebenfalls für ihre exzellente, praxisorientierte Lehre bekannt.

Das SuperC symbolisiert im Rahmen der Route Charlemagne aber nicht nur die Station Wissenschaft, sondern vereint unter seinem hypermodernen Dach auch diverse Dienstleistungen für Studierende.

Templergraben 57, 52062 Aachen

STADTFÜHRUNGEN ODER ERKUNDUNGSTOUREN AUF EIGENE FAUST

Aachen lässt sich auf vielfältige Weise erkunden. Entweder lässt man sich von einem Gästeführer durch Aachen leiten, man bucht eine Stadtrundfahrt im Doppeldeckerbus oder man erkundet auf eigene Faust die Stadt.

Stadtführungen

Gästeführer können Sie bei einer Altstadtführung oder einer Nachtschwärmer-Tour begleiten und Ihnen viel Wissenswertes über Aachen und seine Geschichte erzählen.

Stadtrundfahrten

Eine Stadtrundfahrt erstreckt sich über ganz Aachen – auch Orte außerhalb des Stadtkerns sind also bequem zu erreichen. Egal ob der Stadtgarten, der Lousberg oder die Lindt-Schokoladenfabrik – durch das Hop-On/Hop-Off-Konzept wird es Ihnen ermöglicht, alles in Ihrem eigenen Tempo zu erkunden.

Erkundungstouren auf eigene Faust

Sie nehmen die Erkundung der Stadt lieber selbst in die Hand? Kein Problem, das Karolus-Monogramm des Kaisers ist auf kreisförmigen, messingfarbenen Platten vor bedeutenden Sehenswürdigkeiten in den Boden eingelassen. Mit Hilfe des Kurzstadtführers »Kaiser Karl führt durch Aachen« sind Sie also bestens ausgerüstet. Erhältlich ist der Stadtführer in der Touristeninformation am Elisenbrunnen.

Sie haben noch nicht genug? Besuchen Sie doch mal unser Stadtarchiv! Historische Unterlagen wie Akten, Karten, Pläne, Fotos und vieles mehr werden im Stadtarchiv dauerhaft aufbewahrt. Die Mitarbeiterinnen und Mitarbeiter des Stadtarchivs unterstützen und beraten Sie gerne bei Ihren Anliegen.

ALTSTADT UND MARKTPLATZ

Zwischen dem Puppenbrunnen, dem Rathaus und dem sogenannten »Bahkauv« befindet sich Aachens Altstadt und der Marktplatz. Auf dem Marktplatz finden Sie diverse Restaurants, Kneipen und Cafés. Dort können Sie, mit Blick auf das Rathaus, eine Pause einlegen und bei gutem Wetter die Sonne genießen. Um den Marktplatz herum werden Sie historische Gassen und Geschäfte finden.

Die Körbergasse

Gehen Sie beispielsweise die traditionelle Körbergasse entlang, werden Sie die klassische Kaffeerösterei Plum's Kaffee und den seit 1865 ansässigen Korbflechter Korb Bayer passieren. Dieser bietet aber nicht bloß Körbe und Taschen an, sondern ist genau der richtige Ort, um besondere Geschenke zu finden.

Hier finden Sie beispielsweise Küchengegenstände aus Olivenholz, Rasierpinsel aus Dachshaar, spezielle Bürsten oder handgemachte Haar- und Körperseifen mit Bio-Pflanzenölen.

Aachens ältestes Caféhaus

In der Mitte der steilsten kleinen Straße der Aachener Altstadt, dem »Büchel«, befindet sich das älteste Caféhaus, Alt Aachener Café-Stuben van den Daele, gegründet im Jahre 1890. Seine besondere Ausstrahlung erhält das Café durch seine verwinkelten Räume und die vielen Treppen.

In ganz Aachen befinden sich Statuen wie der Puppenbrunnen oder der »Bahkauv«. Doch vor dem Café werden Sie auf das Wahrzeichen der Stadt treffen: das Printenmädchen. Printen sind in Aachen ein Traditionsgebäck, welches man natürlich auch im Café van den Daele verspeisen kann.

Alles, was das Herz begehrt

Des Weiteren finden Sie entlang der Körbergasse, der Krämerstraße und des Büchels Geschäfte mit besonderen Tee- oder Kaffeewaren, Wein und Bekleidungsgeschäfte, sowie die Spezialität Aachens: die Aachener Printen.

Der Katschhof

Auf dem Katschhof befindet sich das Centre Charlemagne. Er liegt zwischen dem Rathaus und dem Dom. Dort werden Sie einen wunderbaren Ausblick und die besondere Atmosphäre des Hofes genießen können. Doch der Katschhof ist nicht bloß schön anzusehen – er dient als einzigartige Kulisse für viele Veranstaltungen. Hier findet beispielsweise der jährliche Weihnachtsmarkt, der WeinSommer, das NetAachen Domspringen oder der AltstadtTrödelmarkt statt.

Im Sommer wird hier außerdem der »archimedische Sandkasten« aufgebaut. Dies ist ein Projekt des Future Lab Aachen und bietet Kindern und Familien Aachens größten Sandkasten – völlig kostenlos! Außerdem stellen hier unter anderem die RWTH und die FH Aachen einige Projekte vor. Montags können Sie von 7:00 bis 7:30 Uhr an einem kostenlosen Yogakurs im Sand teilnehmen.

In mitten des bunten Treibens auf dem Marktplatz kann der Katschhof wie eine kleine Ruheoase sein. Setzen Sie sich auf die Treppen am Rathaus und genießen Sie den Blick auf den Dom.

Das Pontviertel

Die Pontstraße verbindet den Marktplatz mit dem Ponttor und führt an einer Vielzahl von Kneipen, Restaurants und Cafés vorbei. Aufgrund der Nähe zum SuperC und der Ansammlung von Lokalen in besagter Straße, ist das Pontviertel auch als Studentenviertel bekannt. Der erste Abschnitt der Pontstraße dient häufig als Treffpunkt für die jüngeren Menschen in Aachen. Bei Nacht kann man hier zudem in Bars und Clubs ausgehen. Diejenigen, die es gerne ruhiger mögen, werden im oberen Teil der Pontstraße ebenfalls einladende Restaurants und Bars finden.

Geheimtipp: Wenn Sie Aachen im Frühling besuchen, sollten Sie unbedingt dem Münsterplatz am Markt einen Besuch abstatten. Dort erwarten Sie nicht bloß Eiscafés und Bäckereien, sondern auch der wunderschöne Anblick eines rosa blühenden Magnolienbaumes.

EVENTS

Völlig egal, ob Sie Aachen im Frühling, Sommer, Herbst oder Winter besuchen – zu jeder Jahreszeit finden hier verschiedene, ganz besondere Events statt.

Öcher Bend

Der Öcher Bend, oder auch die Aachener Kirmes, findet sowohl im Frühjahr als auch im Sommer für rund zwei Wochen auf dem Bendplatz statt. Hier warten jede Menge Fahrgeschäfte und besondere Leckereien wie Zuckerwatte, Crêpes und gebrannte Mandeln auf Sie. Der Öcher Bend bietet außerdem verschiedene Aktionstage. Beispielsweise ist dienstags der Studententag, mittwochs der Familientag und freitags die Ladies Night. An jedem dieser Tage gibt es bestimmte Rabatte und Aktionen. Am letzten Tag schließt die Kirmes mit einem riesigen Feuerwerk ab.

Auf dem Bend, wie die Aachener zu sagen pflegen, zahlt man mit sogenannten »Bendtalern«. Diese sind an der Touristeninformation am Elisenbrunnen erhältlich und jeweils einen Euro wert.

Süsterfeldstraße 36a, 52072 Aachen

Oche Alaaf! – Aachener Karneval

Sind Sie ein Karnevals-Jeck? Dann sind Sie hier auch zwischen Neujahr und Aschermittwoch genau richtig! In dieser Zeit finden in der Kaiserstadt zahlreiche Kostümsitzungen, Bälle und vieles mehr statt. Zwischen Fettdonnerstag und Rosenmontag finden in Aachen außerdem bunte Karnevalszüge auf den Straßen statt. Die Kleinen können zudem den Aachener Kinderkostümzug besuchen. Dieser ist der einzige seiner Art in Deutschland!

Schrit_tmacher Tanzfestival

Das Schrit_tmacher Festival ist ein international ausgerichtetes Festival für zeitgenössischen Tanz. Es findet seit 1993 jährlich im Frühling statt. Allerdings nicht bloß in Aachen, sondern durch die Nähe zu den Niederlanden und Belgien auch in Heerlen, Kerkrade und seit 2017 ebenfalls in Eupen. Teil des Programms sind zusätzlich Multimedia-Stücke, Performances, Videotanz, Sonderprojekte, interaktives Theater und Workshops.

Fabrik Stahlbau Strang, Philippsstraße 2, 52068

Das Weltfest des Pferdesports – CHIO Aachen

Pferde gehören zu den Wahrzeichen Aachens, wie beispielsweise die Statue der Pferdegruppe vor dem Hauptbahnhof verlauten mag. So wird der CHIO Aachen von dem Aachen-Laurensberger Rennverein e. V. seit 1925 ausgerichtet und hat eine lange Tradition, die bis 1898 zurückreicht. Er ist ein internationales Pferdesport-Turnier und die einzige derartige Veranstaltung in ganz Deutschland. Über eine Woche versammeln sich auf dem CHIO-Geländer Pferdebegeisterte aus aller Welt, um fünf verschiedene Pferdesport-Disziplinen zu bestaunen. Diese fünf Disziplinen setzen sich aus Springen, Dressur, Vierspänner, Vielseitigkeit und Voltigieren zusammen.

Sollten Sie damit noch nicht genug haben, können Sie einen Spaziergang im Pferdelandschaftspark entlang zahlreicher Gestüte machen oder werktags von 8:00 bis 18:00 Uhr an der kostenlosen History Tour auf dem CHIO-Gelände teilnehmen. Zusätzlich besteht aber auch die Möglichkeit, als Gruppe die Führung »CHIO Aachen – hinter den Kulissen« zu buchen.

Falls Sie sich nicht zu den Pferde-Kennern zählen sollten, aber dennoch neugierig auf den CHIO

sind, lohnt sich der Soerser Sonntag für Sie. Am Soerser Sonntag ist der Eintritt auf dem gesamten Ge-
lände frei!

Albert-Servais-Allee 50, 52070 Aachen

Hotels in der Nähe des CHIO:
- Mercure Hotel Aachen am Dom,
  Peterstraße 1, 52062
- Best Western Plus Hotel Regence,
  Peterstraße 71, 52062
- Hampton by Hilton Aachen Tivoli,
  Merowinger Straße 2, 52070 Aachen

Altstadtflohmarkt
Der Altstadtflohmarkt findet vier Mal jährlich zwi-
schen Dom und Rathaus statt. Besonders der frühe
Vogel kann hier echte Schätze entdecken!

Aachener Innenstadt, 52062

Historischer Jahrmarkt Kornelimünster
Der historische Jahrmarkt im Ortskern von Korne-
limünster ist einer der Highlight-Märkte Aachens.
Zehntausende Besucher werden jedes Jahr über
Fronleichnam, von mittwochs bis sonntags, von der
schönen Kulisse, den besonderen Ausstellungen und

den historischen Karussells angelockt. Die kleinen Besucher erfreuen sich immer ganz besonders an dem Flohzirkus des Marktes.

Korneliusmarkt, 52076 Aachen-Kornelimünster

Wein-Sommer

Sie wollten schon immer mehr über Wein erfahren? Und das auch noch von den Winzern höchstpersönlich? Dann sind Sie beim Wein-Sommer genau richtig! Jeden August findet auf dem Katschhof vor historischer Kulisse das Aachener Weinfest statt. Rund 20 rheinland-pfälzische Winzer präsentieren hier ihre Weine und deren Anbaugebiete. Die Weine können Sie natürlich vor Ort kosten.

Katschhof, 52062

Kurpark Classix

Wie das Tempo des Kartenverkaufs zeigt, gehören die sommerlichen Kurpark Classix zu den beliebtesten Open-Air-Veranstaltungen Aachens. Sogar namhafte Gäste wie Joe Cocker und David Garrett durfte Aachen schon begrüßen. Sollten Sie aufgrund des schnellen Ausverkaufs keine Karte mehr ergattern können, können Sie sich, wie viele der Aachener, mit einer Picknickdecke in einen Teil des Kurparks setzen, welcher gerade nicht als Konzertfläche dient. Von hier aus können Sie ebenfalls die Musik genießen.

Kurpark Monheimsallee 22, 52062

NetAachen-Domspringen

Zahlreiche Zuschauer und Profis des Stabhochsprungszene werden jedes Jahr im Sommer zum NetAachen-Domspringen auf den Katschhof gelockt. Es ist das spektakulärste Sportevent im Aachener Sommer und begeistert bereits weit über Aachens Stadtgrenzen hinaus.

Katschhof, 52062

KIMIKO – Isle of Campus Festival

Das Independent-Musikfestival im kleinen Wäldchen des Museumsgartens hinter dem Ludwig Forum, ist für seine relaxte Atmosphäre und das besondere Flair bekannt.

An drei Tagen kann man auf Picknickdecken in der Sonne liegen, der Musik lauschen und an verschiedenen kreativen Workshops und Aktionen teilnehmen.

Das Liveprogramm ist sehr breit gefächert und reicht von Hip-Hop über Reggae bis hin zu Jazz und vielem mehr. Für das leibliche Wohl ist natürlich bestens gesorgt!

Jülicher Str. 97-109, 52070

Geheimtipp: Garten Eden Festival

Das Garten Eden Festival am alten Tuchwerk ist ein echter Geheimtipp. Die Elektro-Musik und die intime Atmosphäre locken einmal im Jahr bis zu 500 Besucher in die einzigartige Location. Geschmückt wird der Festivalort mit aufwändig selbstgestalteter Dekoration, zudem wird lokalen Künstlern die Möglichkeit geboten, dort einige ihrer Werke auszustellen.

Tuchwerk Soers, Strüverweg 116, 52070

Aachen September Special

Kostenlose Konzerte? Aber klar! Das Aachen September Special bietet an vier Tagen auf vier Bühnen zahlreiche kostenfreie Konzerte. Auf dem Münsterplatz, am Elisenbrunnen, am Templergraben und auf dem Markt – natürlich ist hier für jeden etwas dabei. An diesen vier Orten tritt eine vielfältige Mischung aus internationalen, nationalen und lokalen

Künstlern auf. Sie können sich für einen Ort ent-
scheiden, oder gleich alle vier besuchen! Denn so o-
der so – der Eintritt bleibt frei.

Aachener Innenstadt, 52062

Europamarkt für Design, Kunst und Handwerk

Seit 1976 findet einmal im Jahr, am ersten Septem-
berwochenende, rund um Dom und Rathaus der von
der Aachener Handwerkskammer organisierte Eu-
ropamarkt statt. Hier stellen 300 ausgewählte Aus-
steller aus Aachen und ganz Europa ihre Arbeiten
aus.

Statten Sie doch auch gleich dem Designforum in
der Aula Carolina einen Besuch ab. Junge Hand-
werksdesigner haben hier die Möglichkeit, ihre besonderen Werke und Ideen zu präsentieren.

Aachener Innenstadt, 52062

Aachener Weihnachtsmarkt

Sollten Sie Aachen in der Weihnachtszeit besuchen,
müssen Sie unbedingt auf dem Weihnachtsmarkt
vorbeischauen! Jedes Jahr besuchen 1,5 Millionen
Menschen – sowohl Aachener als auch Gäste – den
Aachener Weihnachtsmarkt vor historischer Kulisse. Der ganze Bereich um den Dom und das

Rathaus erstrahlt im Lichterglanz und riecht wunderbar nach Glühwein, gebrannten Mandeln und natürlich auch den berühmten Aachener Printen. Ihr Besuch wird sich lohnen – der Aachener Weihnachtsmarkt wurde in den letzten Jahren zurecht regelmäßig unter die Top 10 der European Best Christmas Markets gewählt.

Aachener Markt, 52062

Geheimtipp: Wenn Sie sich so richtig in Weihnachtsstimmung bringen wollen, dann nehmen Sie doch beim Weihnachtssingen auf dem Tivoli teil! Sie werden Teil des größten Chors Aachens und singen gemeinsam im Kerzenschein mit dem gesamten Publikum im Tivoli.

WAS GIBT'S NOCH ZU TUN?

Das Aquis Plaza und die Adalbertstraße

Die Adalbertstraße ist Aachens Shoppingstraße. Das Aquis Plaza ist ein neues Einkaufszentrum, welches am östlichen Ende der Adalbertstraße liegt und vom Willy-Brandt-Platz bis zum Kaiserplatz reicht. Dementsprechend viele Shops werden vom Aquis Plaza beherbergt. Aber auch die Shops entlang der Adalbertstraße sind vielfältig.

Adalbertstraße, 52062

Die Aachener Sternwarte

Die denkmalgeschützte Aachener Volkssternwarte liegt im südlichen Teil von Aachen, in der Nähe des Hangeweihers. Eröffnet wurde die Sternwarte am 6. Juli 1935. Auf Grund des Krieges wurde sie allerdings schon kurze Zeit später wieder geschlossen und als Beobachtungsstandort der Luftabwehr genutzt. Im Herbst 1944 wurde die Sternwarte bei der Eroberung Aachens schwer beschädigt. Im März 1946 konnte sie nach einigen Reparaturen und Aufräumarbeiten wiedereröffnet werden. Trotz der schweren Beschädigungen ist die Sternwarte heute noch in ihrem ursprünglichen Bauzustand. Sie konnte mit ihrem originalen Kuppelmobiliar und Equipment erhalten bleiben. Aus diesen Gründen steht die einmalige Volkssternwarte schon seit 30 Jahren unter Denkmalschutz. Bis heute wird sie regelmäßig saniert und modernisiert.

Am Hangeweiher 23, 52068

Aachener Tierpark Euregio Zoo

Der Aachener Tierpark Euregio Zoo hat 365 Tage im Jahr für Sie geöffnet. Auf der 8,9 Hektar großen Fläche zwischen den beiden Stadtgebieten Forst und Beverau im Aachener »Drimborner Wäldchen«, gibt es für Klein und Groß einiges zu sehen.

Der Tierpark bietet seinen Besuchern eine Bandbreite an heimischen, aber auch eine Vielzahl an exotischen Tieren. Im Jahre 2004 listete Greenpeace den Aachener Tierpark Euregio Zoo unter die 22 besten Zoos in Deutschland, der Schweiz und Österreich. Außerdem wurde er 2007 in den Verband der zoologischen Gärten aufgenommen. In diesen Verband gelangen ausschließlich wissenschaftlich geführte Zoos mit strengen Artenschutzrichtlinien und Zuchtprogrammen.

Besondere Highlights für die kleinen Besucher des Zoos sind der Kinderbauernhof, das Ponyreiten, die Tierpark-Rallye und der Energiepark.

Obere Drimbornstraße 44, 52066

Mayersche Buchhandlung Aachen

In den vier Etagen der Mayerschen Buchhandlung Aachen werden sich Bücherwürmer und jeder der gerne stöbert besonders wohl fühlen. Von Romanen über Fachlektüre bis hin zu Zeitschriften ist hier alles vertreten und zu Ihrer besten Orientierung genaustens in Kategorien und Genres unterteilt. Sollten Sie aber doch ein Anliegen haben, steht Ihnen das freundliche und zuvorkommende Personal der Mayerschen gern zur Verfügung. Bei einem Kaffee im Café Fleck oder einem frisch gepressten Saft in der Vitaminbar im Erdgeschoss können Sie sich erfrischen.

Der Bücherautomat vor der Mayerschen stellt 24 Stunden, 7 Tage die Woche sicher, dass Ihnen der Lesestoff nicht ausgeht.

Buchkremerstraße 1-7, 52062

Geheimtipps:

Bücherschränke

Apropos Lesestoff – in Aachen gibt es öffentlich zugängliche Bücherschränke an den verschiedensten Orten. Das Prinzip der Bücherschränke: Es ist ein Kommen und Gehen. Bücher, die Sie bereits gelesen haben, stellen Sie in den Bücherschrank und nehmen sich im Austausch Ihnen noch unbekannte Bücher mit.

Think Twice Vintage Secondhand Shop

Noch ein echter Geheimtipp ist der Secondhand-Shop »Think Twice« in der Peterstraße nahe dem Elisenbrunnen. Hier finden Sie individuelle und extravagante Vintageartikel. Bevor die neue Kollektion eintrifft, veranstaltet Think Twice jeden Monat eine sehr beliebte Sale-Periode. Jeden Tag gehen die Preise für alle Artikel ein wenig herunter. Am letzten Tag kostet jedes Kleidungsstück bloß einen Euro.

Peterstraße 10, 52062

Secondhand Plattenläden – High Fidelity und Plattenbau

Für Vinyl-Fans lohnt sich ein Besuch in Aachens charmanten Secondhand-Plattenläden! Hier kann man sich stundenlang im Stöbern durch alte Platten verlieren und das ein oder andere Schnäppchen ergattern.

High Fidelity – Jakobstraße 66, 52064

Plattenbau – Viktoriastraße 51, 52066

Burtscheid

Burtscheid ist ein zu Aachen gehörender Stadtteil und gilt als Kurviertel. So nutzen nach wie vor zwei Rehakliniken in der Gegend die heißen Thermalquellen für ihre Patienten. Spezialisiert ist das VIA-LIFE Schwertbad beispielsweise auf orthopädische und rheumatologische Rehabilitation. Herz-, Kreislauf-, Gefäß-, Stoffwechselerkrankungen und alle Arten von chronischen Lungenerkrankungen werden in der Rehaklinik »An der Rosenquelle« therapiert. All das ist dank »Bad Aachens« Thermalquellen möglich! In Burtscheid selbst wurden ebenfalls einige hübsche Brunnen errichtet. Beispielsweise der Seepferdchenbrunnen in der Nähe des Marktes oder der Thermalbrunnen Burtscheid, welcher eine beliebte Trinkwassersquelle darstellt.

Burtscheid ist aber auch wegen seiner weiteren zahlreichen Qualitäten beliebt. Der Burtscheider Markt beispielsweise bietet einen gemütlichen Ort, um in einem der zahlreichen Cafés die Sonne zu genießen oder die Kinder auf dem Marktplatz spielen zu lassen. Zudem kann man sich hier noch einige historische Gebäude, wie zum Beispiel die Marienkapelle, oder auch das »Kapellchen«, anschauen.

KUNST UND KULTUR

Der Bereich Kunst und Kultur wird in Aachen großgeschrieben und hat eine lange Tradition.

Theater und Sinfonieorchester

Sie lieben das Theater? Aachen auch! Viele bekannte Künstler haben schon in Aachen gearbeitet und hier ihre Karriere begonnen. Auf dem Theaterplatz in der Nähe des Elisenbrunnens können Sie das majestätisch anmutende Stadttheater kaum übersehen. Hier findet seit 1825 Schauspiel und Musiktheater statt, nachdem es das ehemalige Komödienhaus am Katschhof abgelöst hat. Dieses wurde 1751 von Johann Joseph Couven errichtet und diente als

Aachens erstes öffentliches Theater. Im Jahre 1920 schloss sich dem Stadttheater das ehemals eigenständige Sinfonieorchester Aachen an. Es gehört zu den besten Ensembles in NRW.

Das von Karl Friedrich Schinkel und Johann Peter Cremer entworfene, klassizistische Gebäude empfängt jährlich mehr als 130.000 Besucher. Entweder auf der »Großen Bühne« oder in der »kleinen Kammer« werden die Stücke aufgeführt. Die große Bühne ist mit 730 und die kleine Kammer mit 168 Sitzplätzen ausgestattet. Im Spiegelfoyer finden die Einführungen zu beispielsweise Opern statt. Den großen Sinfoniekonzerten kann man im Eurogress Aachen beiwohnen.

Das Giebelfeld des Theaters ist mit kunstvollen bildhauerischen Figuren ausgestattet. Dargestellt sind zwei Musen und ein Genius. Die Musen bekommen vom Genius einen Blätterkranz überreicht. Die lateinisch-griechische Inschrift über dem Hauptportal »Musagetae Heliconiadumque Choro« steht für »Dem Musenführer und dem Chor der Helikoniaden«. Von 1900 bis 1901 erfolgten durch Heinrich Seeling, den wegen seiner Theaterbauten renommierten Architekten, einige bauliche

Veränderungen.

Im zweiten Weltkrieg wurde das Theatergebäude bei einem Bombenangriff bis auf das Tympanonfeld und das Prostylos gänzlich zerstört. Der Baudirektor Philipp Kerz baute das Theater nach Beendigung des Krieges nach den alten Plänen von Johann Peter Cremer und Heinrich Seeling wieder auf. Auf diesen Wiederaufbau im Jahre 1950 weisen die römischen Zahlen »MDCCCCL« auf der Rückfront des Theaters hin.

Das sogenannte Mörgens-Theater in der Mörgensstraße 24 dient dem Aachener Theater zusätzlich als Probeort. Außerdem können Besucher hier auf 99 Plätzen Crossover-Projekten, improvisiertem Jugendtheater und vielem mehr zuschauen.

Das seit 1921 existente »Öcher Schengche«, eine Stadtpuppenbühne im Löhergraben 22, bietet zudem die Möglichkeit, ein traditionelles Stabpuppenspiel zu besuchen. Gegründet wurde es durch den Heimatdichter Prof. Dr. Will Hermanns, dem Bildhauer Alfred Pieper, dem Maler Willi Kohl, dem Dekorateur Hein Lentzen und dem Ingenieur J. Lausberg.

Theaterplatz 1, 52062

Leselust und Kinder-Leselust am Lousberg

Bei der »Leselust am Lousberg« handelt es sich um ein Literaturfest, welches unter freiem Himmel auf dem alten Säulengelände des Lousbergs stattfindet. Hier bietet sich Ihnen die Möglichkeit, Autorinnen und Autoren bei einer Lesung ihrer teils noch unveröffentlichten Werke zu lauschen. Diese Veranstaltung eignet sich für die gesamte Familie, da sich die Lesungen oft an ein breites Publikum richten. Die Veranstaltungen der Kinder-Leselust sind völlig kostenfrei!

Lousberg, Belvedereallee, 52070

Das Ludwig Forum für Internationale Kunst

Das Aachener Ludwig Forum zog im Jahre 1991 in der Jülicher Straße in die alte Schirmfabrik Brauer. Es handelt sich um ein im Bauhausstil errichtetes Fabrikgebäude. Das Ludwig Forum zeichnet sich durch seine zeitgenössische Kunst und eine regelmäßig wechselnde Sonderausstellung aus. Es gründet auf einer Kunstsammlung, die Irene und Peter Ludwig – ein Aachener Sammlerehepaar – zusammentrugen. Die Sammlung Ludwig wird außerdem durch die Peter und Irene Ludwigstiftung gefördert.

Peter und Irene präsentierten im Jahre die 1968

die junge amerikanische Pop-Art-Szene und legten damit den Grundstein für die »Neue Galerie – Sammlung Ludwig«.

Geleitet wurde diese von Wolfgang Becker. Weltberühmte Werke, beispielsweise von Andy Warhol und Roy Lichtenstein, wurden Teil dieser Sammlung. Die Sammlung Ludwig wuchs über den Lauf der Jahre enorm und fand letztendlich ihre neue Bleibe im heutigen Ludwig Forum.

Von der deutschen Sektion des Internationalen Kunstkritikerverbandes (AICA) wurde das Ludwig Forum im Jahre 2018 zum Museum des Jahres 2018 gekürt.

Das Ludwig Forum bietet zudem die Möglichkeit, diverse Führungen zu buchen, Veranstaltungen zu besuchen oder an verschiedensten Workshops teilzunehmen. Das Workshopangebot beläuft sich auf beispielsweise Siebdruckkurse und Kurse für Akt- und Aquarellmalerei.

Das Projekt LUFO Park wurde im Jahre 2010 von einer Handvoll Künstler ins Leben gerufen, um dem Museumsgarten, welcher seit 1991 deutlich an Glanz verloren hatte, wieder neue Frische zu verleihen.

Heute reisen die Künstler jährlich für vier Wochen an, um den Garten instand zu halten.

Jülicher Straße 97-109, 52070

Suermondt-Ludwig-Museum

Das städtische Suermondt-Ludwig-Museum, benannt nach dem Stifter Barthold Suermondt, wurde im Jahre 1883 vom Aachener Museumsverein als Suermondt-Museum gegründet. Seit der Gründung wuchs die Sammlung durch die zahlreichen Stiftungen stark an. Besonders Peter und Irene Ludwig trugen einen großen Teil zu der Sammlung bei. 1977 veranlasste der damalige Direktor, Ernst Günther Grimme, dass der Name »Ludwig« in den Namen des Museums eingebunden wird.

Das Haus, in dem das Suermondt-Ludwig-Museum untergebracht ist, war einst das Stadtpalais des Kratzenfabrikanten Eduard Cassalette. Es wurde von dem Aachener Architekten Eduard Linse von 1884 bis 1888 im Stil der Neorenaissance errichtet. Obwohl über die Jahre einige Umbauarbeiten vorgenommen wurden, ist dennoch einiges von der früheren Villa Cassalette erhalten geblieben. Beispielsweise sind Teile der ursprünglichen Kassettendecken und Wandmalereien nach wie vor in der

Kutscheinfahrt, im Treppenhaus und in einigen Räumen des Hauses erhalten geblieben. Schon zu Zeiten Cassalettes waren die Räume der Villa mit prächtigen Kunstwerken ausgestattet. Die Website des Suermondt-Ludwig-Museums bietet in Form einer Bildergalerie Einblicke in die Grundrisse und in Fotografien des Museums zu Beginn des 20. Jahrhunderts.

Zudem bietet sich auch hier die Möglichkeit diverse Veranstaltungen und Workshops zu besuchen.

Wilhelmstraße 18, 52070

Aachener Kunstroute

Das letzte Wochenende im September findet in Aachen ganz im Zeichen der Kunst statt. Aachener Galerien, Museen, Kunstvereine und Künstlervereinigungen öffnen gesammelt, begleitet durch ein Umfangreiches Rahmenprogramm, ihre Türen. In der Aula Carolina stellen an diesem Wochenende sogar alle teilnehmenden Künstler einige ihrer Werke gemeinsam aus. Meist handelt sich dabei um bis zu 300 lokale Künstler unter den diversen Galerien oder Vereinen.

Die Vernissage in der Aula Carolina ist immer ein einmaliges Erlebnis. Sie ist die ehemalige Kirche

St. Katharina des Klosters der Augustiner-Chorherren und stellt eine wunderbare Lokation dar. Ihr Bau wurde erstmals im 13. Jahrhundert erwähnt. Nachdem im Jahre 1656 ein verheerender Brand die Stadt heimsuchte, wurde der Bau des heutigen Gebäudes im Jahre 1663 begonnen. Im Zweiten Weltkrieg wurde die Aula leider ebenfalls stark zerstört. 1980 wurde sie nach ursprünglichem Vorbild erneut aufgebaut und letztendlich unter Denkmalschutz gestellt.

Heute dient die Aula verschiedensten Zwecken. Am 1. September, dem Antikriegstag, wird in der Aula Carolina der Aachener Friedenspreis verliehen. Des Weiteren wird sie für Unterrichts- und Sportveranstaltungen des anliegenden Kaiser-Karls-Gymnasiums, Ausstellungen, Lesungen und viele weitere Anlässe genutzt

Aula Carolina, Pontstraße 7, 52062

Eden Palast und Cineplex

In Aachens Innenstadt gibt es zwei Kinos – einmal das große, moderne Cineplex und der urige, traditionsreiche Eden Palast. Das Cineplex liegt im Innenhof des Kapuziner-Karrees. Hier haben Sie die Möglichkeit, den Abend nach dem Kinobesuch bei einem

Wein oder Cocktail im Aposto, ebenfalls im Innenhof des Karrees, ausklingen zu lassen.

Der Eden Palast gilt als Traditionskino und existiert schon seit 1937. In dieser Atmosphäre ist Ihnen ein ganz besonderer Abend garantiert! Hier haben Sie die Möglichkeit, sich aktuelle 3D-Filme, Arthouse, Originalversionen und Opern-Liveübertragungen anzuschauen. Die Sneak Preview im Eden Palast zu besuchen ist besonders bei dem jüngeren Publikum ein Highlight und zählt in jedem Fall als echter Geheimtipp!

Borngasse 30, 52064

Eden Palast - Franzstraße 45, 52062

Bleiberger Fabrik

Die Bleiberger Fabrik ist in einem ehemaligen Fabrikgebäude, 1881 erbaut von der Firma Detilleux für Spinnöl, untergebracht und dient heute als Bildungseinrichtung. Getragen wird diese von der Jugendkunstschule, der Kulturwerkstatt und den Werkwochen. Sowohl Kindern als auch Jugendlichen und Erwachsenen soll hier die Möglichkeit geboten werden, sich musisch und kreativ zu bilden.

Die angebotenen Kurse werden meist von freischaffenden Künstlerinnen und Künstlern geleitet.

Zu den Workshops gehören beispielsweise Experimentelle Malerei, Aktzeichnen und -malen, Malerei Grundlagenkurs und abstraktes Zeichnen. Des Weiteren werden Sprach-, Tanz-, Yoga- und Kochkurse angeboten.

Zu den Förderern der Bleiberger Fabrik gehört das Land NRW, das Bistum Aachen und die Stadt Aachen.

Bleiberger Straße 2, 52074

Aachen für Aktive

Neben Aachens größtem Sportverein, der Fußballmannschaft Alemannia Aachen, und dem Weltfest des Pferdesports, dem CHIO, existieren eine Vielzahl von weiteren Sportvereinen und -angeboten.

AKTIVITÄTEN IN AACHEN

Sportpark Soers

Aachen liegt in einem Talkessel. Die Soers ist der tiefste Teil dieses Kessels und außerdem ein Feuchtgebiet. Sie gehört teilweise zum Stadtbezirk Aachen, aber hauptsächlich zum Stadtteil Laurensberg. Eine Vielzahl von Gebäuden and Sportstätten gehören aktuell zum Sportpark Soers. Unter anderem der Tivoli, die Reitstation, die 100'5-Arena, verschiedene Trainingsplätze, der Aachener Hockey Club und die CHIO-Fußgängerbrücke.

Am Sportpark Soers, 52070 Aachen

100'5-Arena am Tivoli – Eissport

Die 100'5-Arena, früher Tivoli Eissporthalle, befindet sich im Sportpark Soers und wurde 1982 eröffnet. Hier finden die Heimspiele des Aachener Eishockeyvereins und die des Eiskunstlaufvereins Aachen statt.

Darüber hinaus findet hier der jährliche Unicup der RWTH Aachen und viele weitere Veranstaltungen zwischen Oktober und März statt, wie beispielsweise Eisdisco und Eistanzen. Mittwochs findet die Kinderlaufdisco von 16:00 bis 20:00 Uhr und der Studentenabend von 20:00 bis 22:00 Uhr statt. In dieser Zeitspanne zahlen Studenten bloß drei Euro für den Eintritt.

Zwischen April und September ist die »eisfreie Zeit« der 100'5-Arena. In dieser Zeit hält der Radiosender »100'5 –Das Hitradio« seine Veranstaltungen ab. Darüber hinaus finden hier Flohmärkte, Konzerte, Boxkämpfe, Inlinehockey und vieles mehr statt.

Der Flohmarkt findet jeden Samstag, von April bis August, rund um die Arena statt.

Hubert-Wienen-Straße 8, 52070

Schwimmbäder

Aachen hat ebenfalls eine Vielzahl an Schwimmbädern und in den Sommermonaten sogar ein Freibad zu bieten.

Ein ganz besonderes Schwimmbad ist die Elisabethhalle. Sie befindet sich in der Nähe das Aachener Doms. Sie ist von 1908 bis 1911 im Jugendstil erbaut worden und gehört zu den wenigen noch in Betrieb stehenden Schwimmbädern aus der Epoche des Jugendstils. Das Kellergeschoss der Elisabethhalle hat im Zweiten Weltkrieg als öffentlicher Luftschutzraum gedient. Zu den Kriegsfolgen gehörte auch ein Brennstoffmangel, welcher die Stadt dazu veranlasste, warmes Wasser aus der Kaiserquelle in das Schwimmbad zu leiten. Da das Thermalwasser allerdings relativ aggressiv ist, mussten die dadurch entstandenen Schäden nach wenigen Jahren für rund 2,5 Millionen DM beseitigt werden.

Elisabethhalle, Elisabethstraße 10, 52062

Schwimmhalle Brand, Wolferskaul 19, 52078

Ulla-Klinger-Halle, Händelstraße 14, 52074

Osthalle Aachen, Sankt-Josefs-Platz 8, 52068

Freibad Hangeweiher, Hangeweiher 32, 52074

Carolus Thermen

Die sich vorrangig an Wellnessgäste richtenden Carolus Thermen sind ein Thermalbad mit sich anschließender Saunaanlage. Sie wurden im Jahre 2001 fertiggestellt und sind nach Karl dem Großen benannt. Aachen ist für seine Badekultur bekannt, jedoch wurden zahlreiche Badehäuser im Zuge des Zweiten Weltkrieges zerstört. Im Jahre 1996 wurde das letzte innerstädtische Thermal- oder Römerbad am Büchel geschlossen. Seit Dezember 2000 ist das Kurbad am Quellenhof an der Monheimsallee ebenfalls außer Betrieb. Die Carolus Thermen werden regelmäßig saniert, im Jahre 2012 hat man das an den isländischen Geysir Strokkur angelehnte Dampfbad aufwendig neu gebaut.

Gespeist werden die Thermen mit dem Aachener Mineral-Thermalwasser aus der Heilquelle Rosenquelle in der Innenstadt. Dieses Wasser ist 47°C warm und schwefel- sowie fluoridhaltig. Es wird zu den Carolus Thermen geleitet und dort aufbereitet. Die insgesamt 30 Mineral-Thermalquellen in Aachen und Burtscheid gehören aufgrund ihrer Ergiebigkeit von täglich 3,5 Millionen Litern zu den ergiebigsten Mineral-Thermalquellen Deutschlands.

Betrieben werden die Carolus Thermen von der städtischen Kur- und Badegesellschaft mbH. Gegründet wurde die Badegesellschaft bereits im Jahre 1932. Sie kümmert sich zudem um die Kurverwaltung für das staatlich anerkannte Heilbad Aachen.

Zu bieten haben die Carolus Thermen ein großes Hauptbecken, ein Sprudelbecken, einen Whirlpool, Wassergrotten, das Sole-Dampfbad »Strokkur«, einen Außenbereich mit Sonnenliegen und einen Ruheraum. Darüber hinaus wird ein Gastronomie-, ein Spa- und ein Saunabereich geboten. Ein luxuriöser Tag voller Entspannung ist Ihnen hier definitiv sicher!

Passstraße 79, 52070

Skatepark – DIY-Spot

Der DIY-Skatespot im Bürgerpark wurde von dem ersten Aachener Skateboardclub e. V. in Eigeninitiative errichtet. Umringt von Bäumen und Gebäuden ist der Parcours gut geschützt und liegt so, dass es zu keinen Streitigkeiten mit Anwohnern kommen kann.

Im Bürgerpark, Turpinstraße 30, 52066

KingKalli – Kletterwald Aachen

Im KingKalli-Kletterwald haben sowohl Anfänger als auch Fortgeschrittene die Möglichkeit, in einer Höhe von 1-22 Metern in zwölf verschiedenen Parcours mit Schwierigkeitsgraden von leicht bis schwer zu klettern. Eine Einweisung erhält man durch erfahrene Kletterer.

Unterer Backertsweg 7, 52074

Die Halle – Bouldern in Aachen

»Die Halle« bietet Sportfans eine Bandbreite an Bewegungsangeboten. Sportarten wie Bouldern, Volleyball, Parkour, »Ninja Warrior«, Soccer, Trampolin, Beachminton und Workout können hier betrieben werden. Zudem werden Aktivitäten für Kinder und diverse Sportkurse wie Yoga, Fitness und Techniktraining für das Bouldern angeboten.

Auf 1.500 Quadratmeter sind verschiedene

Boulder-Wände errichtet. Das wöchentliche Austauschen der Griffe bietet regelmäßigen Besuchern immer wieder neue Herausforderungen.

In der Tempelhofer Straße gibt es außerdem die Campus Boulderhalle mit Bar, Bistro, verschiedenen Sportkursen und ebenfalls Angeboten für Kinder und Jugendliche.

Die Halle, Grüner Weg 22, 52070

Campus Boulderhalle, Tempelhofer Str. 16, 52068

Aachener Fahrradsommer

Der Aachener Fahrradsommer ist eine jedes Jahr thematisch wechselnde Rundtour für erfahrene Radler, aber auch für Familien und Anfänger. Die Idee hinter dem Projekt ist, dass Menschen, die ihr Fahrrad gerne in der Freizeit nutzen, es vielleicht auch öfter im Alltag in Gebrauch nehmen. Der im Jahre 1995 erstmalig veranstaltete Fahrradsommer ist heute zu einer Traditionsveranstaltung geworden. Jeder ist herzlich eingeladen!

Katschhof, 52062

Grünanlagen, Parks und Grillplätze

In Aachen können Sie in einer Vielzahl von Parks spazieren gehen, joggen oder einfach nur in der Sonne liegen. Besonders beliebte Parks sind beispielsweise der Westpark, der Kurgarten, der LUFO Park am Ludwig Forum, der Frankenberger Park oder die Karlsgärten.

Karlsgärten gibt es in Deutschland, Österreich und Frankreich. Aachen hat zwei dieser Gärten zu bieten. In einem Karlsgarten, oder auch karolingischen Garten, werden verschiedene Pflanzen wie Kräuter, Heilpflanzen, Gemüse- und Obstbäume kultiviert. Diese Sammlung von Pflanzen geht aus dem Gartenkonzept der Höfe- und Dörferverordnung (Capitulare de villis vel curtis imperii) Karls des Großen hervor. Dabei handelt es sich um Pflanzen, welche auf jedem Hofgut angebaut werden sollten. Die Gärten waren mit einer Apotheke zu vergleichen, da sie als Nahrungsmittel und als Heilmittel für das geistige und körperliche Wohl des Menschen dienten. Gepflegt werden die beiden Karlsgärten vom Freundeskreis Botanischer Garten e. V. mit Hilfe durch den Aachener Stadtbetrieb.

Nicht in allen Parks ist es erlaubt zu grillen. Allerdings stehen neun Grillbereiche in Parks, zwei im Aachener Wald und sechs in den Stadtbezirken zu Verfügung. Beispielsweise können Sie im Stadtgarten auf 150 Quadratmeter und im Westpark auf 240 Quadratmeter Grillfläche zurückgreifen.

WANDERN UND RADFAHREN IM DREILÄNDERECK UND DER EIFEL

In und um das Grenzland Aachen gibt es unzählige Möglichkeiten, Wanderungen, auf insgesamt 240 Kilometern Wanderwegen, oder ausschweifende Radtouren in der Natur zu unternehmen. Unternehmen wie *VELOCITY*, *Swapfiets* oder *Waße* stellen zu diesem Zweck Fahrräder zum Ausleihen zur Verfügung. Die *Euregio Grenztouren App* (für iOS und Android) vereint rund um das Dreiländereck, wozu Belgien, Deutschland und die Niederlande zählen, die 60 schönsten Wander- und Fahrradrouten in vier verschiedenen Sprachen.

Vennbahn

Die 125 Kilometer lange Vennbahn zählt zu einem der längsten Bahntrassen-Radwege Europas und führt in sechs Etappen durch Deutschland, Belgien und Luxemburg. Die Fahrt von Aachen nach Trois-vierges ist sehr komfortabel, da die Steigung der Strecke nur sehr gering und die Fahrbahn fast vollständig asphaltiert ist. Besonders für Familien ist die Vennbahn eine geeignete Strecke, da diese für den nicht-motorisierten Verkehr bestimmt ist. Diese Initiative gehört zu dem belgischen Ravel-Programm. Startet man die Strecke vom Aachener Hauptbahnhof aus passiert man Kornelimünster, Roetgen und Monschau.

Wasserburgen-Route

Der Name der Route verrät schon, dass Sie auf der Wasserburgen-Route auf ungefähr 380 Kilometern Strecke an der Eifel und der Kölner Bucht vorbei durch die wasserburgenreichste Region Europas geführt werden.

Diese Strecke ist sehr steigungsarm und leitet durch abwechslungsreiche Landschaften, wie beispielsweise auch durch Mittelgebirgsregionen. Sie werden auf dieser Strecke diversen historischen

Orten begegnen. Unter Anderem Stolberg mit seinen alten Kupferhöfen.

Der Fernwanderweg Eifelsteig

Der Fernwanderweg Eifelsteig ist 313 Kilometer lang und in 15 Tagesetappen mit jeweiligen Längen von 15-28 Kilometern aufgeteilt. Die Städte Aachen und Trier in Rheinland-Pfalz bilden die Ausgangspunkte der Strecke. Die Wanderung führ Sie durch das Hohe Venn, dem größten noch intakten Hochmoor Europas, und durch Nordrhein-Westfalens einzigen Nationalpark – dem Nationalpark Eifel. Werden Sie beim Wandern durch die Vulkaneifel Zeuge der vulkanischen Vergangenheit und gelangen Sie bis zu den Buntsandsteinfelsen oberhalb Triers. Auf dem Weg werden sich Ihnen einige Unterkünfte, wie diverse Ferienwohnungen, Campingplätze, Hotels oder Jugendherbergen, bieten. Außerdem besteht die Möglichkeit, Tourberatungen, Lunchpakete oder einen Gepäcktransfer in die nächste Unterkunft in Anspruch zu nehmen.

Sogar zu den Top Trails of Germany gehört der Eifelsteig. Er trägt stolz das Deutsche Wandersiegel, welches durch das Deutsche Wanderinstitut e. V. vergeben wird.

Der Weiße Weg

Eine Wanderung auf dem Weißen Weg startet beim Aachener Lousberg und endet beim Nullander Berg in Kerkrade. Eröffnet wird der Weg von einem wunderbaren Panoramablick von der Lousbergterrasse aus über die Soers, den Aachener Norden bis nach Herzogenrath und die Niederlande. Ein architektonisches Symbol der Verbundenheit von Deutschland und den Niederlanden, oder auch der Euregio Maas-Rein, stellt die Überquerung der Grenze über die Amstelbachbrücke dar.

Im Jahre 1976 wurde die Euregio Maas-Rhein als Arbeitsgemeinschaft gegründet und beschreibt die europäische Region im Grenzraum Deutschlands, Belgiens und der Niederlande. Schlüsselstädte sind dabei Aachen, Lüttich und Maastricht.

Geheimtipp: Durch die gut ausgebauten Bus- und Bahnverbindungen lohnt es sich, unseren belgischen oder niederländischen Nachbarn mal einen Besuch abzustatten! Ausflüge nach beispielsweise Maastricht oder Lüttich sind immer ein Erlebnis.

Camping

Wer gerne campen möchte, wird in und um Aachen schnell fündig werden. In Aachen gibt es beispielsweise den Stellplatz Bad Aachen. Der Kurort Burtscheid und die Aachener Innenstadt befinden sich in der Nähe und dennoch ist der Stellplatz naturnah gelegen. Weitere naturnahe Stellplätze sind unter anderem der niederländische Campingplatz Hoeve de Gastmolen oder der Campingplatz Wesertal in Belgien. Auch diese Campingplätze sind naturbelassen und befinden sich in Aachens näherer Umgebung.

Der Nationalpark Eifel

Der Nationalpark gilt zurecht als Erholungsgebiet. Er hat zahlreiche wunderschöne Landschaften, Wälder und Seen, wie beispielsweise den Rursee mit der Rurtalsperre Schwammenauel, zu bieten.

Damit eine Region zum Nationalpark ernannt werden kann, muss das sich betreffende Schutzgebiet 30 Jahre lang selbst überlassen werden, was eine große Chance für tausende bedrohte Tier- und Pflanzenarten darstellt. Seltene Tierarten wie der Uhu und die Wildkatze leben hier, und mittlerweile kehrt sogar langsam der Wolf zurück. Allerdings gilt der 110 Quadratkilometer große, 2004 gegründete

Nationalpark Eifel wegen der 30-Jahres-Vorschrift noch als »Entwicklungs-Nationalpark«. Sie können den Nationalpark auf einer Vielzahl von Wanderwegen auf eigene Faust oder auch bei von Rangern geführten Touren erkunden.

2014 wurde das Naturschutzgebiet als erster deutscher »International Dark Sky Park« von der International Dark Sky Association (IDA) ausgezeichnet. Der Nationalpark Eifel bildet in seinem dicht besiedelten Bundesland eine Ausnahme – denn hier kann man noch Sterne, Sternbilder und sogar die Milchstraße sehr intensiv mit bloßem Auge sehen. In der Sternwarte in Vogelsang finden regelmäßige Veranstaltungen rund um die Astronomie-Werkstatt statt.

Des Weiteren kann man in der Eifel zahlreiche Sehenswürdigkeiten besuchen, wandern oder Fahrradtouren unternehmen. Ausflugsziele und Sehenswürdigkeiten könnten beispielsweise die Burg Satzvey, Vogelsang, das Hohe Venn, der Nürburgring, Monschaus Altstadt, Bad Münstereifel oder die Dietzenley Vulkan und Keltenburg in Gerolstein sein.

Die besten Restaurants und Cafés

Das vegane Kulturrestaurant Pfannenzauber

Fangen wir gleich mit einem Geheimtipp an – dem veganen Kulturrestaurant Pfannenzauber. Es hat montags bis sonntags von 12:00 bis 22:00 Uhr für Sie geöffnet. In diesem Restaurant genießen Sie vegane und saisonale Küche. Außerdem wird hier alles hausgemacht! Ganz besonders empfehlenswert ist der PZ-Burger mit Kartoffelecken und eine der ebenfalls hausgemachten Limos. Oder probieren Sie doch mal eine Goldene Milch auf Hafer- oder Sojamilchbasis!

Eine weitere Besonderheit stellt der Fokus auf

Kultur und Nachhaltigkeit dar. Das Pfannenzauber ist nämlich gleichzeitig auch eine Foodsharing-Station und setzt sich damit gegen Lebensmittelverschwendung ein. Außerdem wird lokalen Künstlern hier die Möglichkeit geboten ihre Werke auszustellen oder zu musizieren – völlig kostenfrei. Darüber hinaus stellt das Pfannenzauber Menschen mit Behinderung und Menschen, welche eine zweite Chance benötigen, in ihr Team ein. So soll ihnen die Gelegenheit geboten werden, ihre Teilhabe am gesellschaftlichen Leben zurück zu erlangen oder einfach nur Fuß zu fassen.

Suermondtplatz 12, 52062

Milou – Das Katzencafé in Aachen
Geöffnet ist das Milou-Katzencafé dienstags bis sonntags für Sie von 11:00 bis 19:00 Uhr. Was gibt es Besseres als bei gutem Kaffee und vegetarischen Speisen mit Katzen zu schmusen?

Alexanderstraße 55, 52062

Geheimtipp: Kimchi

Das etwas versteckte und unscheinbar wirkende Kimchi in der Parallelstraße der Pontstraße, dem Pontdriesch, wirkt auf den ersten Blick sehr einfach, aber macht die besten Ramen der Stadt! Hier bekommt man preiswert eine große Auswahl an verschiedenen Ramen und weiteren leckeren Speisen.

Bei Ramen handelt es sich um eine Art japanischer Nudeln in würziger Brühe. Weitere Zutaten sind beispielsweise Sprossen, Gemüse und wahlweise Ei, Käse oder Tofu.

Pontdriesch 11A, 52062

Lemongrass

Für Sushi-Liebhaber wird dies das Paradies sein. Eine riesige Bandbreite an Sushi und weiteren Speisen bietet das Lemongrass in der Jakobstraße. Besonders empfehlenswert ist das Baked-Sushi, beispielsweise Baked-Sushi Avocado mit einer traumhaften Soße.

Jakobstraße 126, 52064

Leni Liebt Kaffee

Leni Liebt Kaffee wird nachgesagt, dass es hier den besten Kaffee der Stadt gibt. Außerdem können Sie eine Vielzahl an hausgemachten Speisen, Kleinigkeiten sowie Kuchen genießen. Ein Besuch lohnt sich schon allein wegen der modernen Einrichtung und der großartigen Atmosphäre!

Vegetarier und Veganer werden hier auch schnell fündig werden. Besonders der hausgemachte Chai Latte mit Hafermilch und einem Extra-Shot Espresso ist immer ein Besuch wert.

Wenn Sie es lieber etwas ruhiger mögen, statten Sie Leni doch in Burtscheid einen Besuch ab. Hier ist Lenis erste Filiale beheimatet. Direkt am Burtscheider Markt geht es etwas langsamer und gemütlicher zu als in der doppelt so großen, sehr gut besuchten Filiale in der Aachener Innenstadt.

Buchkremerstraße 6, 52062 Aachener Innenstadt
Burtscheider Markt 21, 52066

Nela's Coffee & Kitchen

Auch bei Nela's wird Wert auf Hausgemachtes gelegt! Der Klassiker ist hier das selbstgebackene Körnerbrot mit Avocado, Tomate und Spiegelei, gewürzt mit ein paar Chiliflocken. In gemütlicher

Atmosphäre können Sie hier guten Kaffee oder beispielsweise frischen Ingwertee genießen.

Theaterplatz 5, 52062

Homeburgers

Homeburgers ist ein Restaurant mit Diner-Flair. Hier läuft Musik von Klassikern wie Elvis Presley und die Bedienungen tragen Petticoats. Bei Homeburgers hat man eine große Auswahl an verschiedenen, hausgemachten Burgern und Cocktails. Auch Vegetarier und Veganer werden hier satt!

Komphausbadstraße 25, 52062

Eiscafé Del Negro

Der Blick in die Eisvitrine mit den verschiedensten Eissorten und die lange Schlange im Sommer vor dem Eiscafé Del Negro am Karlsgraben, lassen schon vermuten, dass es hier sehr gutes Eis zu kaufen gibt. Die Eiscreme stammt aus eigener Herstellung und ist ein Muss an einem heißen Sommertag.

Jakobstraße 73a, 52064

Café Middelberg

Das klassische und stilvoll eingerichtete Konditorei-café bietet Ihnen Frühstück und eine Vielzahl an hausgemachten Torten an. In jedem Fall einen Besuch wert!

Rethelstraße 6, 52062

Tipp: Café Egmont und das AKL

Im Café Egmont gibt es verschiedenste Getränke, Cocktails und Livemusik in angenehmer Atmosphäre. Eine Besonderheit und ein echter Geheimtipp ist die Kooperation des Cafés mit seinem Nachbarn, dem libanesischen Restaurant AKL. Im AKL können Sie sich schmackhafte libanesische Grillgerichte bestellen, welche Ihnen dann ins Café Egmont gebracht und serviert werden.

Pontstraße 1-3, 52062

Aposto

Das Aposto im Kapuzinerkarree ist besonders beliebt bei dem jüngeren Publikum. Von Kaffee, Tee bis hin zu Cocktails und leckeren Gerichten ist für jeden etwas dabei. Sehr gut besucht ist auch der montägliche Cocktail-Casino-Abend im Aposto. Das

Konzept des Cocktail-Casino-Abends ist, dass die Gäste mit Hilfe eines Würfels von eins bis sechs darum würfeln, wie viel sie für ihren Cocktail zahlen müssen.

Kapuzinergraben 19, 52062

Eigenarten und Besonderheiten

Wie jede Stadt und ihre Einwohner haben auch Aachen und die Aachener ihre liebenswerten Besonderheiten und Eigenarten.

Öcher Platt

Das sogenannte »Öcher Platt« ist ein mitteldeutscher Dialekt, welcher in Aachen gesprochen wird. Er gehört der ripuarischen Dialektgruppe an. Merkmale des Südniederfränkischen hat dieser Dialekt allerdings auch aufzuweisen. Besonders bei der älteren Bevölkerung Aachens ist das Öcher Platt noch anzutreffen. Für Menschen aus anderen Teilen Deutschlands klingt dieser Dialekt recht markant, eigenartig und wird oft auch als eine Art »Singsang« bezeichnet. Für Personen, die ausschließlich

Hochdeutsch sprechen, ist Öcher Platt meist kaum zu verstehen.

Die Aachener Mundart kann man natürlich erlernen, dies stellt allerdings für Menschen, welche diese nicht schon von klein auf sprechen, eine große Herausforderung dar. Es gibt allerdings einige Möglichkeiten, sich ein wenig in Aachens Dialekt einzufinden. Sie könnten sich beispielsweise ein Theaterstück im »Öcher Schängche« ansehen, eine Karnevalssitzung besuchen oder an einer Rathausführung auf Öcher Platt teilnehmen.

Auf der offiziellen Website der Stadt Aachen können Sie sich auch typische Ausdrücke der Öcher, gesprochen von dem bekannten Plattsprecher Hubert Crott, oder auch »Jüppchen«, anhören. Im Folgenden gibt es ein paar Beispiele für Öcher Platt von der offiziellen Website der Stadt Aachen:

- Dat woer jar net esue schleäht.
  (Das war gar nicht so schlecht. Bedeutet: Es war sehr gut. Der Öcher ist mit Lob sparsam.)
- Wenn et net reänt, da dröppt et.
  (Wenn es nicht regnet, dann tropft es. Hat mit Regen nichts zu tun, sondern meint, dass man auch mit wenig zufrieden sein kann.)

- Ich han et Hazz av.

  (Ich habe das Herz ab: Ich kann nicht mehr.)

- Du kleids en e Höddelche.

  (Du kannst anziehen, was du willst, du siehst immer gut aus.)

- Dat es ene jlatte Jrosche.

  (Das ist ein glatter Groschen: ein Mensch, der nicht zu packen ist.)

- Ochhärrm.

  (Ausdruck des Bedauerns, des Mitleids.)

Aachener Printen

Aachener Printen werden bereits seit 1820 in Aachen gebacken. Dabei handelt es sich um eine bestimme Sorte von braunem Lebkuchen. Als Original gelten ausschließlich die Printen, die mit geschützter geografischer Angabe versehenen sind. Diese werden in der Aachener Stadt, sowie in den umliegenden Orten Eschweiler, Baesweiler, Stolberg, Alsdorf und Würselen gebacken. Die meisten Leute kennen Lebkuchen nur als saisonales Gebäck für die kalte Jahreszeit. Da die Aachener Printen allerdings so begehrt sind, werden sie ganzjährig angeboten.

Die Ur-Printe hatte äußerlich tatsächlich Ähnlichkeit mit Spekulatius. Als mit Napoleon die

Kontinentalsperre kam, hatte man keinen Zugang mehr zu Rohrzucker und amerikanischem Wildblütenhonig. Dementsprechend mussten die Printenbäcker mit Improvisationen beginnen. Im Zuge dessen wurde der Teig gröber, zäher und schwerer zu formen. Das Ergebnis waren die schmackhaften Printen, welche bis heute geliebt und geschätzt werden.

Tatsächlich eignet sich die Aachener Printe auch zum Kochen von traditionellen, herzhaften Gerichten, wie beispielsweise dem Rheinischen Sauerbraten nach Aachener Art. Die Printen werden dabei für die Zubereitung der Sauce verwendet. Wenn Sie nicht selbst kochen möchten, können Sie dieses Gericht beispielsweise auch im Restaurant »Am Knipp«, im Bergdriesch 3, 52062, probieren. Sollten Sie danach noch ein wenig Platz haben, könnten Sie sich noch ein leckeres Aachener-Printen-Soufflé gönnen.

Handgemachte Aachener Printen können Sie in der Innenstadt unter anderem in der »Printenbäckerei Klein« in der Franzstraße 91, 52064, oder bei »Nobis Printen« erwerben. Die Bäckerei Klein besitzt eine Familientradition seit mehr als 100 Jahren.

Reisfladen

In Sachen Beliebtheit liegt der Reisfladen nur unweit hinter den Aachener Printen. Ursprünglich kommt er aus Belgien und ist heute im Dreiländereck etabliert. Allerdings auch *nur* in Aachen und dessen Umland. Deshalb sollten Sie die Gelegenheit nutzen und die kulinarische Spezialität probieren! Kaufen können Sie Reisfladen in Bäckereien oder zum Beispiel in den Alt-Aachener Café-Stuben Van den Daele am Markt.

Was Reisfladen überhaupt ist? Beim Reisfladen handelt es sich um einen leckeren Hefeteigboden mit einer zart-cremigen Milchreisfüllung. Außerdem werden fruchtige Varianten mit beispielsweise Kirschen oder Aprikosen angeboten.

Aachener Poschweck

Um die Osterzeit genießen die Bewohner des Dreiländerecks gerne das sogenannte Aachener Poschweck, oder auch Aachener Osterbrot. Die Tradition dieses süßen Weißbrotgebäcks reicht bis ins Mittelalter zurück. Oft werden in den Teig auch Nüsse oder Rosinen eingearbeitet.

HANNAH BAUMGARTNER

Aachen für Nachhaltigkeit

Die Stadt Aachen setzt sich bereits in vielerlei Hinsicht für mehr Nachhaltigkeit ein. Sie befindet sich seit 2018 unter den Top 3 der deutschen Großstädte in Bezug auf den Nachhaltigkeitspreis der Stiftung Deutscher Nachhaltigkeitspreis. Besonderes Augenmerk liegt beispielsweise auf einer ökologischen Abfallwirtschaft, Gewässerschutz, Luftreinhaltung, Klima- und Landschaftsschutz. Außerdem wird die Nahmobilität gefördert.

Foodsharing

Der Leitsatz des 2012 gegründeten Vereins Foodsharing e. V. ist:»Teile Lebensmittel, anstatt sie wegzuwerfen.« Seine überschüssigen Lebensmittel kann man also zu den Foodsharing Stationen, oder auch »Fair-Teilern«, bringen und andere Leute können sich daraufhin an den Lebensmitteln bedienen. Auch in Aachen existieren einige Fair-Teiler:

- Hirschgrün – Richardstraße 7,
  im Gemeinschaftsgarten
- Langer Turm – Junkerstraße 101,
  im Park auf der Verkehrsinsel
- Carolus Thermen – Passstraße 76,
  Kiste auf einer Bank
- Bandbreite – Kleinkölnstra0e 15,
  Im Geschäft Bandbreite
- Pfannenzauber – Suermondtplatz 12,
  Im Restaurant Pfannenzauber
- Wendekreis – Weidenweg 38,
  Fahrradkorb

Too Good To Go – Lebensmittel vor dem Abfall retten

In Deutschland landen jedes Jahr 18 Millionen Tonnen Lebensmittel im Abfall. Auch »Too Good To Go« setzt sich gegen diese Lebensmittelverschwendung ein. In einigen Städten Deutschlands gibt es eine Vielzahl von Geschäften, Restaurants, Supermärkten, Hotels und Cafés, welche an Too Good To Go teilnehmen.

Too Good To Go ist eine App, von der alle Beteiligten profitieren. Mit Hilfe dieser App können Sie alle teilnehmenden Geschäfte und deren Angebote in Ihrer Nähe einsehen. Diese Angebote bestehen daraus, dass Sie für einen kleinen Preis eine Tüte in einem Geschäft ihrer Wahl reservieren. In diese Tüte kommen Lebensmittel, welche übriggeblieben sind oder nicht mehr verkauft werden dürfen, allerdings noch einwandfrei zu genießen sind. Möchten Sie also beispielsweise bei REWE eine Tüte mit Obst und Gemüse kaufen, reservieren Sie sich am Vorabend eine Tüte und zahlen, über beispielsweise PayPal, einen Preis von 3,50 €. Am nächsten Tag können Sie dann bei dem betreffenden REWE zwischen 14:00 und 20:00 Uhr Ihre Tüte gegen Vorlage Ihres Kaufbelegs abholen. Der Inhalt der Tüten variiert natürlich von

Tag zu Tag, je nachdem, welche Lebensmittel gerade aussortiert werden mussten. Ohne Too Good To Go würden diese Lebensmittel im Abfall landen.

Unverpacktes Einkaufen
Seit einiger Zeit gibt es in Aachen zwei Unverpackt-Läden. Fantastisch am unverpackten Einkaufen ist, dass man eine sehr große Menge an Verpackungsmaterial, insbesondere Plastik, einsparen kann. Wie unverpacktes Einkaufen funktioniert?

Ganz einfach! Für Ihren Einkauf bringen Sie Gläser, Boxen, Stoffbeutel oder Ähnliches mit. Vor ihrem Einkauf müssen Sie bloß Ihre Behälter wiegen, damit Sie später an der Kasse nur den Inhalt Ihres Behälters bezahlen müssen. Dann kann es auch schon losgehen! Sie füllen sich die Lebensmittel in Ihre Behälter und lassen sie später an der Kasse wiegen. So tun Sie der Umwelt einen großen Gefallen und haben die Möglichkeit, nur so viel zu kaufen, wie Sie auch wirklich benötigen.

»Unverpacktes Glück« in der Elisengalerie ist Aachens erster Unverpackt-Laden für Lebensmittel, aber auch Hygieneartikel. »Auguste im Bade« in der Jakobstraße ist ein Unverpackt-Laden für Hygiene- und Kosmetikartikel. Viele ihrer Seifen sind sogar handgemacht. Schon wenn Sie an Auguste im Bade vorbeilaufen, steigt Ihnen ein wohlriechender Duft diverser Seifen in die Nase und lädt zum Eintreten ein. Die freundliche Besitzerin berät Sie gerne!

Auguste im Bade – Jakobstraße 218, 52064

Unverpacktes Glück – Friedrich-Wilhelm-Platz 5, 52062 (In der Elisen Galerie)

Herstellung und Verlag:

BoD – Books on Demand, Norderstedt

ISBN: 9783751958868

1. Auflage

Kontakt: Psiana eCom UG/ Berumer Str. 44/ 26844 Jemgum

Covergestaltung: Fenna Larsson

Coverfoto: depositphotos.com